ASSOCIATION
POUR LA RÉFORME ET LA CODIFICATION
DU DROIT DES GENS

ESQUISSE RAPIDE

DE LA

FORMATION DE L'ASSOCIATION

RÉDIGÉE

Pour la Conférence qui s'ouvrira à La Haye le 1er septembre 1875

PAR

JAMES B. MILES

DE BOSTON (ÉTATS-UNIS D'AMÉRIQUE), SECRÉTAIRE GÉNÉRAL.

PARIS
IMPRIMERIE JULES LE CLERE et Cie
RUE CASSETTE, 29.
—
1875

ASSOCIATION

POUR LA RÉFORME ET LA CODIFICATION

DU DROIT DES GENS

———

ESQUISSE RAPIDE

DE

LA FORMATION DE L'ASSOCIATION

RÉDIGÉE

Pour la Conférence qui s'ouvrira à La Haye le 1er septembre 1875

PAR

JAMES B. MILES

DE BOSTON (ÉTATS-UNIS D'AMÉRIQUE), SECRÉTAIRE GÉNÉRAL.

————

Cette association est la réalisation et l'expression d'une conviction longtemps entretenue par d'éminents publicistes et des hommes d'État des différents pays, à savoir qu'il est désirable et pratique de définir et de fixer le droit des gens et d'instituer un tribunal international qui réglerait les rapports des nations entre elles et trancherait leurs différends par des moyens pacifiques, et assurerait ainsi le règne de la justice entre les peuples.

Son heureuse organisation fournit les moyens de réunir dans une large fédération les publicistes, les jurisconsultes, les hommes d'Etat, les économistes et les philanthropes de tous les pays, versés dans la science du droit et de la politique des nations.

L'association a pris naissance sous des auspices particulièrement favorables, et le succès a dépassé de beaucoup les espérances des personnes qui ont employé leur activité à la fonder et à la propager.

Cette esquisse rapide ne sera qu'un simple exposé de faits.

En 1871, lorsqu'on se préoccupait du traité de Washington et de la cour arbitrale de Genève et qu'on en attendait le règlement satisfaisant et pacifique des différends qui s'étaient élevés entre la Grande-Bretagne et les États-Unis d'Amérique, Elihu Burritt et le secrétaire James B. Miles préparaient un appel à un congrès international, et d'un commun accord le rédigeaient dans les termes suivants : « Les soussignés, convaincus que la paix et la prospérité des nations sont les meilleures institutions et les entreprises les plus dignes d'une civilisation chrétienne, qu'elles touchent à tous les grands intérêts de l'humanité, réclament une garantie permanente contre les dangers et même la possibilité de la guerre. Ils considèrent les circonstances actuelles comme favorablement opportunes à la réunion de publicistes éminents, de jurisconsultes, d'hommes d'État et de philanthropes de différents pays dans un *congrès international* à l'effet de préparer un code international et d'autres mesures et de les recommander aux gouvernements et aux peuples pour substituer les décisions de la raison et de la justice à la décision du sabre. Ils s'unissent donc pour réclamer un tel congrès.

Il était évident que pour établir sur une base solide une ins-

titution générale et permanente capable d'assurer les rapports
amiables entre les nations, il paraît nécessaire dès le début de
chercher les moyens de définir, de rédiger, et, autant qu'il
serait pratique de codifier les principes fondamentaux et les
règles du droit des gens.

Conséquemment, le trait principal de ce plan mûrement
étudié était de pourvoir, ainsi qu'il le prévoyait, à la réunion
dans les délais nécessaires d'une assemblée d'hommes qui,
faute d'expressions plus convenables, serait désignée sous le
titre de *sénat de publicistes*, et composée des plus illustres
d'entre eux et des hommes d'État du monde entier qui de leur
propre mouvement se réuniraient dans le but de comparer le
résultat de leurs études, de leurs méditations, de discuter,
de perfectionner et, autant que ce serait applicable, de coor-
donner dans un exposé les grands principes du droit des gens,
conformément à la méthode et à l'esprit du corps des hauts
commissaires de Washington (*Joint high commisoners of
Washington*). On proposa que cette réunion n'aurait pas de
caractère officiel, mais serait composée des publiscites et des
hommes d'État que leurs gouvernements respectifs pourraient
choisir s'ils avaient à établir un corps de hauts commissaires
pour la rédaction d'un code international. Ces personnages
constitueraient ainsi un corps dont la réputation donnerait
aux règles qu'ils auraient étudiées et fixées un caractère
analogue à l'autorité positive de la loi.

On conçut l'espérance qu'ils s'appliqueraient à cette
grande œuvre avec tout le sentiment de la responsabilité dont
ils seraient pénétrés s'ils avaient été institués par leur gou-
vernement pour la mettre à fin.

On pensa que ce code devrait pourvoir à l'institution d'un

tribunal international, soit permanent, soit constitué seulement *pro re nata* et qui serait un lien de fraternité entre les nations, analogue en quelque sorte à la cour suprême des États-Unis d'Amérique à l'égard de la grande famille de nos divers Etats.

On conçut l'espérance que le travail de ce corps de légistes recevrait l'approbation des instituts, des corps savants et des hommes éclairés de tous les pays et serait peut-être reçu et adopté par les gouvernements.

Quand on sera arrivé à ce résultat, une diminution proportionnée et réelle des armées permanentes pourrait avoir lieu, puisqu'elles ne seraient plus indispensables à la sécurité de l'Etat et les nations seraient ainsi délivrées de leur charge la plus lourde.

Le secrétaire recueillit d'un nombre important de publicistes, de jurisconsultes et d'hommes d'État de l'Amérique l'approbation de ce plan, et ayant reçu de l'honorable Hamilton Fish, secrétaire d'Etat, et d'autres personnages distingués, des lettres recommandant chaleureusement sa mission, il visita les principales capitales de l'Europe dans le but de soumettre ce projet aux publicistes éminents et aux hommes d'Etat des puissances européennes et de recueillir leur adhésion et leur concours pour arriver à l'exécution.

Partout le secrétaire fut accueilli avec la plus grande courtoisie et une bienveillance extrême, et il eut l'honneur de recevoir de beaucoup d'hommes distingués avec lesquels il eut de longs entretiens des témoignages écrits par lesquels ils donnaient leur approbation aux points les plus importants du projet et leur opinion plus ou moins détaillée sur le mode à suivre pour le mettre à exécution. Ces pièces, qui ont été imprimées, constituent un dossier aussi précieux qu'important. Au nombre des personnes distinguées dont le secrétaire a obtenu des approbations, nous pouvons citer : pour l'Angleterre, le très-honorable Mountague Bernard, MM. Vernon, Harcourt, écuyer, membre du parlement ; le professeur Edwin C. Clark de Cambrige ; le professeur Léon Levy. Pour la France, MM. Drouyn de Lhuys, Esquirou de Parieu, Charles Calvo, le vicomte Itajuba, de Hautefeuille. Pour l'Allemagne MM. les professeurs Heffter et Holtzendorff. Pour l'Italie MM. le comte Frédéric Sclopis sénateur, le commandeur P. S. Mancini, le professeur Pierantoni. Pour la Belgique MM. Auguste Wisscher, le docteur Rolin, Jacquemyns ; un grand nombre de noms illustres de divers pays et célèbres dans la science du droit des gens.

Parmi les témoignages du succès de cette mission accomplie par le secrétaire, il faut mentionner l'extrait suivant d'une lettre qui lui fut adressée par un personnage anglais. « La sérieuse attention que, grâce à vous, votre intéressante mission a déjà provoquée parmi les hommes les plus éminents de l'Europe, tels que MM. Gladstone et Droun de Lhuys anciens premiers ministres, M. le comte Sclopis président du tribunal international de Genève, tous hommes pratiques, éloignés autant que possible des théoristes purs et des rêveurs d'utopies, cela seul est déjà une grande œuvre d'accomplie. »

L'opinion unanime des personnages européens consultée fut qu'il fallait faire un effort pour réunir le congrès et l'on décida par un vote, contrairement à l'opinion des Américains, que les convocations pour la réunion seraient faites en Amérique.

En conséquence le secrétaire, de retour aux Etats-Unis, fut aussitôt invité par l'honorable David Dudley Field, qui venait de publier un ouvrage remarquable sous le titre de *Esquisses d'un code international (Draft outlines of an international code)*, à se joindre à des représentants qu'il devait réunir chez lui pour leur soumettre son rapport, dont la lecture fut immédiatement suivie de la discussion et de l'adoption de la rédaction de l'invitation suivante :

MONSIEUR,

Dans une réunion tenue à New-York le 15 mai, les soussignés ont été constitués en comité chargé d'inviter les publicistes des différentes nations à se réunir à une date et dans une ville qui seraient déterminées plus tard pour se concerter sur le meilleur moyen de préparer un code international et sur les procédés les plus efficaces pour le faire admettre. Les résolutions suivantes ont été adoptées.

1re *Résolution*. Que nous avons entendu avec une grande satisfaction le compte rendu du docteur Miles de la mission dont il s'est acquitté en Europe, dans l'intérêt de la justice internationale, et nous exprimons notre profonde conviction de la sagesse des principes et de l'équité des projets qu'il nous a communiqués.

2e *Résolution*. Que les transactions commerciales, les études des penseurs, les tendances de l'opinion publique, réclament un nouvel et complet examen des lois et coutumes des nations, particulièrement en ce qui concerne la guerre, ainsi qu'un code international spécialement en ce qui touche à l'arbitrage.

3e *Résolution*. Que l'assemblée est d'avis que la confection d'un code de droit international contenant, entre autres dispositions, la reconnaissance de l'arbitrage comme moyen de solution des différends internationaux, serait une mesure des plus sérieuses et de la plus haute importance.

4e *Résolution*. Qu'il est expédient pour la confection d'un tel code qu'une réunion ait lieu pour faciliter une entente sur les meilleurs moyens d'en fixer les bases et d'étudier les procédés les plus efficaces pour le faire adopter.

5e *Résolution*. Que cette réunion se tiendrait dans un lieu et à une époque qui seraient déterminés, et qu'on y inviterait des publicistes des différentes nations ; qu'un comité de cinq membres serait constitué pour agir au nom des États-Unis d'Amérique en ce qui concernerait les invitations à faire et les dispositions à prendre pour la réunion, ces cinq commissaires ayant le droit de s'en adjoindre d'autres.

6e *Résolution*. Que MM. David Dudley Field, docteur en droit, Théodore Dwight Woolsey, docteur en théologie, docteur en droit, Emory Washburn, docteur en droit, William Beach Lawrence, docteur en droit, et James B. Miles, docteur en théologie, composeraient le comité susdit.

En conséquence de ces résolutions, nous avons l'honneur de vous inviter à vous joindre aux autres publicistes dans le but d'assister à la consultation proposée qui aura lieu dans la ville de Bruxelles, royaume de Belgique, le 28 octobre prochain.

Le 30 juin 1873.

Nous avons l'honneur, etc. —

> David DUDLEY FIELD,
> Théodore D. WOOLSEY,
> Emory WASHBURN,
> William BEACH LAWRENCE.
> James B. MILES.

A la suite de cette réunion, les soussignés consentirent à remplir les fonctions du comité de code international et à apposer leur signature à l'invitation.

Théodore D. WOOLSEY.   Wm. A. STEARNS.
Mark HOPKINS.   Howard CROSBY.

— 10 —

Emory Washburn.	Alfred H. Love.
Charles Sumner.	Sidi H. Brown.
David Dudley Field.	G. Washington Warren.
Wm. Beach Lawrence.	W. A. Buckingham.
Reverdy Johnson.	George H. Stuart.
Howard Malcom.	Joseph A. Dugdale.
Thomas A. Morris.	Edward S. Tobey.
John G. Whittier.	C. W. Goddard.
William Cullen Bryant.	James B. Miles.
Elihu Burritt.	Homer B. Sprague.
Daniel Hill.	J. V. L. Pruyn.
Wm. G. Hubbard.	Noah Porter.

Les Américains désiraient vivement que les États-Unis fussent la première nation qui eût l'honneur de recevoir la première assemblée de ces hommes réunis dans un but si élevé.

Mais on pensa que plusieurs personnages d'Europe dont l'absence nuirait à l'autorité morale et aux prestiges qui doivent entourer un corps revêtu du caractère désigné ci-dessus, ne pourraient pas se rendre à la réunion si elle avait lieu en Amérique.[1] On considéra donc comme un devoir incontestable de s'en référer à l'opinion de nos amis d'Europe favorables au mouvement. Les secrétaires se mirent en rapport avec le regretté A. Wisschers de Bruxelles, et lui demandèrent si la réunion projetée ne pouvait pas avoir lieu en cette dernière ville, dans le courant d'octobre.

M. Wisschers nous répondit immédiatement que la réunion serait chaleureusement reçue à Bruxelles, que le ministère belge exprimait la plus vive sympathie pour les sujets de ses travaux, et que les salles de l'ancien et célèbre hôtel de ville lui étaient offertes pour la tenue de ses séances. Il est inutile de dire que, pour compléter l'achèvement et les préliminaires il fut nécessaire non-seulement d'accomplir de longs voyages dans différents pays, mais encore il fallut entamer une correspondance considérable, imprimer et répandre de nombreux documents et avoir largement recours aux organes de la presse.

La route ainsi ouverte, l'invitation fut envoyée au mois de juin 1873. La réponse fut la première conférence de l'association qui se réunit à Bruxelles le 10 du mois d'octobre suivant.

Malgré de nombreux empêchements, résultat des grandes distances, de la brièveté du temps et autres difficultés, le monde savant fut convenablement représenté à Bruxelles et la réunion eut un succès signalé. Elle se composait de quarante personnes environ que nous ne pouvons toutes désigner par leurs noms et reçut un pareil nombre de lettres d'adhésion. Nous nommerons avec plaisir parmi les signataires cet homme qui, par les services qu'il a rendus conjointement avec ses collègues du mémorable tribunal arbitral de Genève, s'est acquis un impérissable honneur, le comte Frédéric Sclopis d'Italie.

A cette conférence la France fut représentée par MM. Esquirou de Parieu, Cauchy, Massé et Calvo, tous membres de l'Institut, F. Passy, économiste, et Ameline, avocat. L'Allemagne avait envoyé, outre une nombreuse correspondance : MM. d'Holtzendorff, Bluntschli, professeur de droit à Heidelberg, auteur d'un ouvrage très-remarquable sur le Droit international codifié. M. Marcoartu, ancien député au Cortès, fondateur d'un prix de 7,500 fr. pour le meilleur ouvrage sur le but de l'association, représentait l'Espagne. L'Italie nous avait envoyé M. Mancini, ancien ministre d'Etat, député au parlement et professeur de droit à l'Université de Rome, et M. Pierantoni, professeur de droit à l'Université de Naples. L'Angleterre, Sir Travers Twiss, conseiller de la Reine, ancien avocat général; le très-honorable Mountague-Bernard, professeur de droit à l'Université d'Oxford et l'un des négociateurs du traité de Washington; M. Sheldon Amos, professeur de droit à l'Université de Londres; M. Henry Richard, membre de la chambre des communes, auteur de la célèbre motion qui a rendu son nom populaire dans le monde entier; M.-T. Webster, conseiller de la Reine; H.-D. Jencken, membre du barreau anglais. Pour la Hollande M. Bachiene, conseiller d'Etat, et M. Bredius, membre de la chambre des représentants. Pour la Belgique M. Visschers, docteur en droit, membre du conseil des mines; M. Ahrens, professeur à l'Université de Bruxelles; M. de Laveleye, professeur à l'Université de Liége; M. Rolin-Jacquemyns, éditeur de la *Revue de droit international* de Gand; M. Goblet d'Alviella, docteur ès sciences politiques et administratives; M. Couvreur, éditeur de l'*Indépendance Belge*, membre de la Chambre des députés; M. Bourson, directeur du *Moniteur Belge*; M. Tempels, auditeur militaire; M. Faider, procureur général à la Cour de cassation, etc. La plupart de ces messieurs ont écrit avec le plus grand talent sur des questions de droit international. L'Amérique fut représentée par l'honorable David Dudley Field, auteur de remarquables ouvrages sur le droit, entre autres de l'*Esquisse d'un code international* cité plus haut; par M. Sandford, ancien ministre plénipotentiaire des Etats-Unis en Belgique, par les docteurs Joseph P. Thompson et James B. Miles.

Le compte rendu des travaux de la conférence de Bruxelles est inséré dans le rapport annuel présenté à Genève l'année dernière, par le secrétaire général.

Nous rappellerons simplement ici qu'après une savante et complète discussion à laquelle prirent part la plus grande partie des membres présents, la conférence adopta à l'unanimité la résolution suivante :

1° La conférence déclare qu'un code international fixant avec toute la précision possible les droits et les devoirs des nations et des citoyens qui les composent est éminemment désirable dans l'intérêt de la paix, des relations amicales et de la prospérité universelle. Elle est donc d'opinion qu'il ne faut rien négliger pour arriver à la confection et à l'adoption de ce code. La conférence réserve la question d'apprécier jusqu'à quel point la codification du droit des gens doit être simplement doctrinal et jusqu'à quel point il doit être constitué par des traités ou des conventions formellement acceptés par les États souverains.

2° La conférence adopte, à la même unanimité, une autre résolution dont il n'est pas nécessaire de faire ressortir l'importance, et qui est conçue dans les termes suivants :

La conférence déclare qu'elle considère l'arbitrage comme le moyen essentiellement juste et raisonnable et même obligatoire pour les nations de terminer les différends qui ne peuvent pas être réglés par voie de négociation; elle se réserve toutefois d'affirmer que ce moyen soit applicable dans tous les cas sans exception. Bien que considérant ces cas comme rares, elle est d'opinion qu'aucun différent ne doit être regardé comme insoluble qu'après un exposé complet du sujet en discussion, après un délai raisonnable et l'épuisement de tous les moyens pacifiques d'arrangement.

Enfin la conférence se déclare permanente, c'est-à-dire

qu'elle se constitue en « association internationale pour la réforme et la codification du droit des gens ».

La conférence décida en outre que l'association pour la réforme et la codification du droit des gens ne se compose pas simplement de juristes,mais de personnages distingués comme hommes d'Etat, publicistes, économistes, philanthropes; que son but est de favoriser les progrès du droit international dans son application pratique et dans l'opinion publique ; elle déclare son intention de se livrer à tous les travaux qu'elle jugera nécessaires et les plus capables d'amener le développement des relations amicales entre les peuples et le progrès de la civilisation internationale. »

Les résultats produits par la première conférence furent aussi heureux que signalés ; son impression dans le monde fut profonde ; ses travaux devinrent le sujet de commentaires savants et favorables dans les principaux organes de l'opinion publique des différents pays.

C'est ainsi que, née sous les plus encourageants auspices, une agitation dont l'objet devint mieux compréhensible , a déjà commencé à maintenir la paix et à contribuer au bien-être de la république universelle des nations.

Le caractère international de l'association fait concevoir les plus vives espérances de son utilité dans l'avenir. On se propose d'augmenter cette association en recueillant en qualité de membres le plus grand nombre possible de savants, de penseurs et d'hommes influents dans les différents pays. Dans une pareille union ne peut manquer de résider la force,et l'on espère qu'elle exercera une influence puissante sur l'opinion publique, et qu'à un jour, qui n'est pas éloigné, cette influence se fera sentir dans les conseils des cabinets et des gouvernements. Nous en sommes surtout persuadés lorsque nous considérons que les objets de cette association sont indépendants des opinions religieuses ou politiques, mais qu'ils sont de ceux dont la conquête se fera au profit de l'honneur et du bien-être de toutes les nations, soulagera l'humanité de ses fardeaux les plus pesants et amènera le bonheur dans tous les foyers et dans tous les cœurs du monde entier.

PARIS. — IMPRIMERIE JULES LE CLERE ET Cⁱᵉ, RUE CASSETTE, 29.

Imprimé en France
FROC031408230120
23251FR00018B/465/P